Impressum
Verlag: BABADADA GmbH, Nedderfeld 112 , 22529 Hamburg
Geschäftsführer / Verlagsleitung: Harald Hof
Druck: Books on Demand GmbH, In de Tarpen 42, 22848 Norderstedt

Imprint
Publisher: BABADADA GmbH, Nedderfeld 112 , 22529 Hamburg, Germany
Managing Director / Publishing direction: Harald Hof
Print: Books on Demand GmbH, In de Tarpen 42, 22848 Norderstedt, Germany

1

Šola

škola

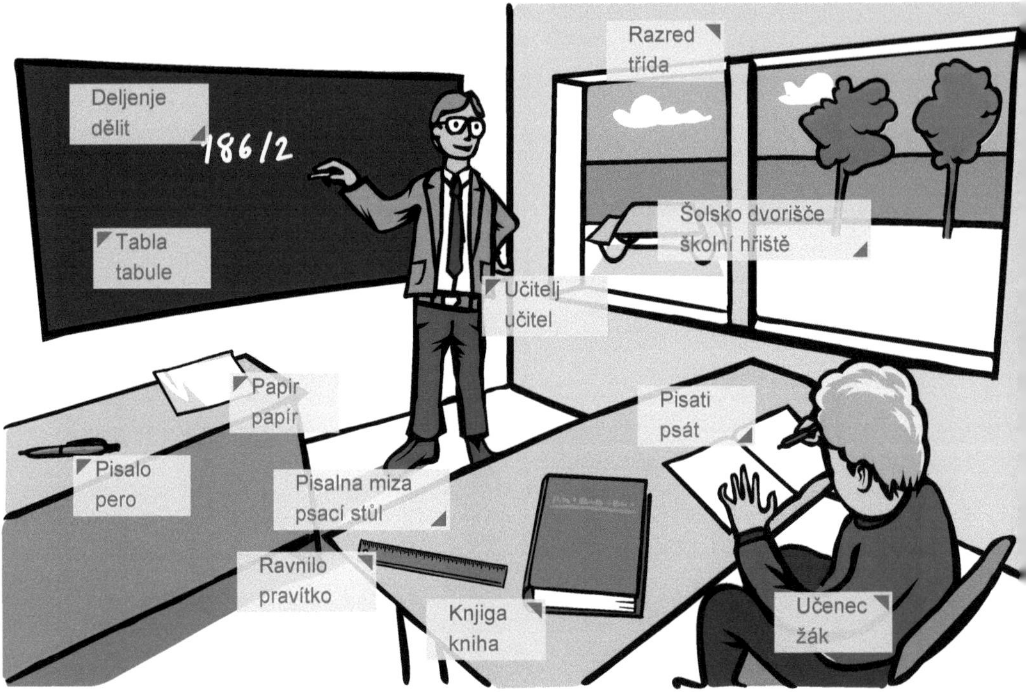

Razred
třída
Deljenje
dělit
186/2
Tabla
tabule
Šolsko dvorišče
školní hřiště
Učitelj
učitel
Papir
papír
Pisati
psát
Pisalo
pero
Pisalna miza
psací stůl
Ravnilo
pravítko
Knjiga
kniha
Učenec
žák

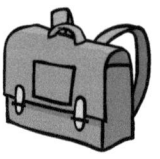

Šolska torba

aktovka

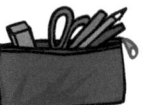

Peresnica

penál

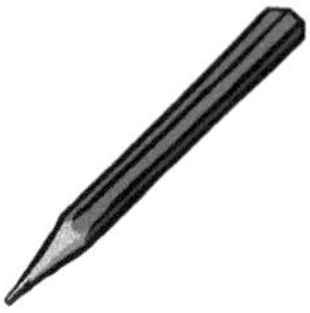

Svinčnik

tužka

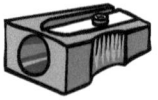

Šilček

ořezávátko

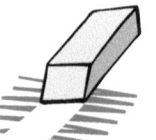

Radirka

guma

Risalni blok

blok na kreslení

Risba

výkres

Čopič

štětec

Vodene barvice

malířské potřeby

Škarje

nůžky

Lepilo

lepidlo

Zvezek

cvičebnice

Domača naloga

domácí úkol

Število

počet

Seštevanje

sčítat

Odštevanje

odčítat

Množenje

násobit

Računanje

počítat

Črka

písmeno

Abeceda

abeceda

Beseda

slovo

Besedilo	Brati	Kreda
text	číst	křída

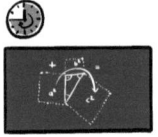

Učna ura	Redovalnica	Preizkus znanja
hodina	třídní kniha	zkouška

Spričevalo	Šolska uniforma	Izobrazba
vysvědčení	školní uniforma	vzdělání

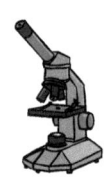

Enciklopedija	Univerza	Mikroskop
encyklopedie	univerzita	mikroskop

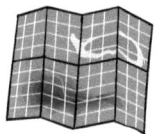

Zemljevid	Koš za smeti
karta	odpadkový koš na papír

Potovanje
cesta

Hotel
hotel
Grand
Hostel
ubytovna
ROOMS
Menjalnica
směnárna
Kovček
kufr
Avtomobil
auto

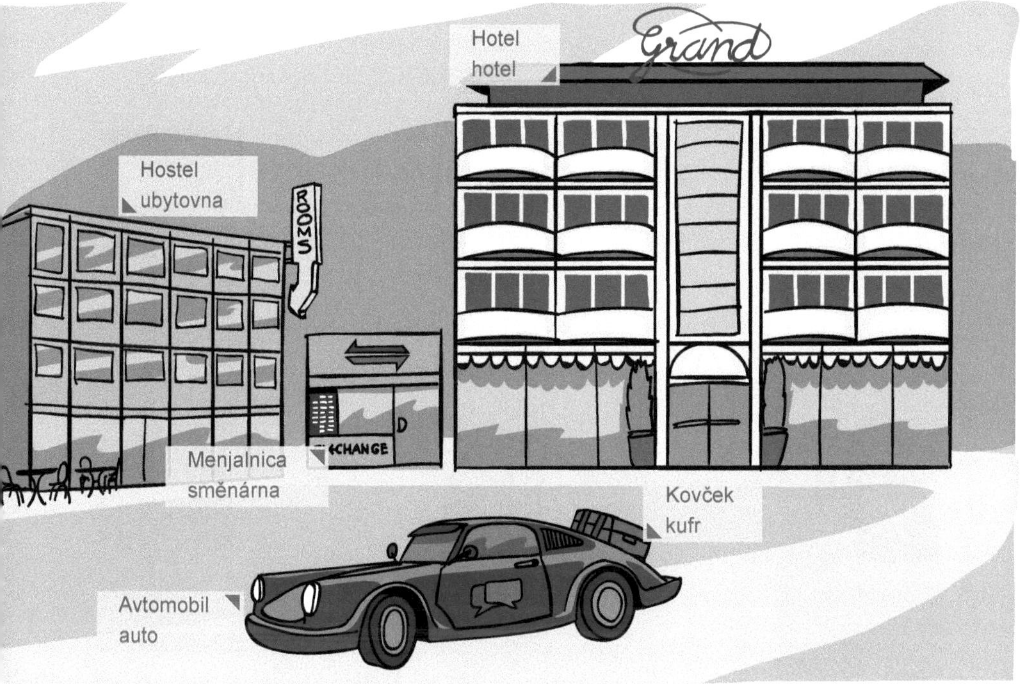

Jezik
jazyk

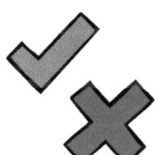

da / ne
ano / ne

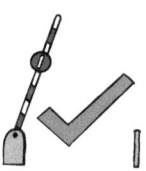

Prav
oukej

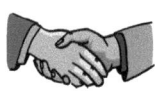

Pozdravljeni
Ahoj!

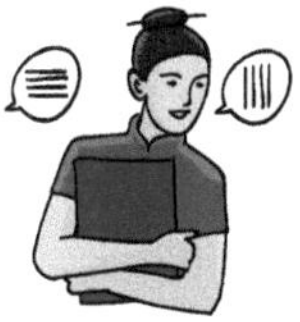

Prevajalec
překladatel

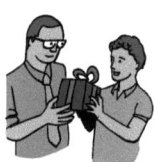

Hvala
děkuji

Koliko stane...?

Kolik stojí...?

Ne razumem

nerozumím

Težava

problém

Dober večer!

Dobrý večer!

Dobro jutro!

Dobré ráno!

Lahko noč!

Dobrou noc!

Nasvidenje

na shledanou

Smer

směr

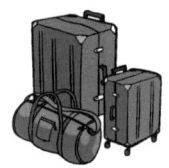

Prtljaga

zavazadlo

Torba

taška

Nahrbtnik

batoh

Gost

host

Soba

pokoj

Spalna vreča

spací pytel

Šotor

stan

Turistične informacije

turistické informace

Plaža

pláž

Kreditna kartica

kreditní karta

Zajtrk

snídaně

Kosilo

oběd

Večerja

večeře

Vozovnica

jízdenka

Dvigalo

výtah

Znamka

poštovní známka

Meja

hranice

Carina

clo

Veleposlaništvo

poselství

Vizum

vízum

Potni list

pas

Prevoz
transport

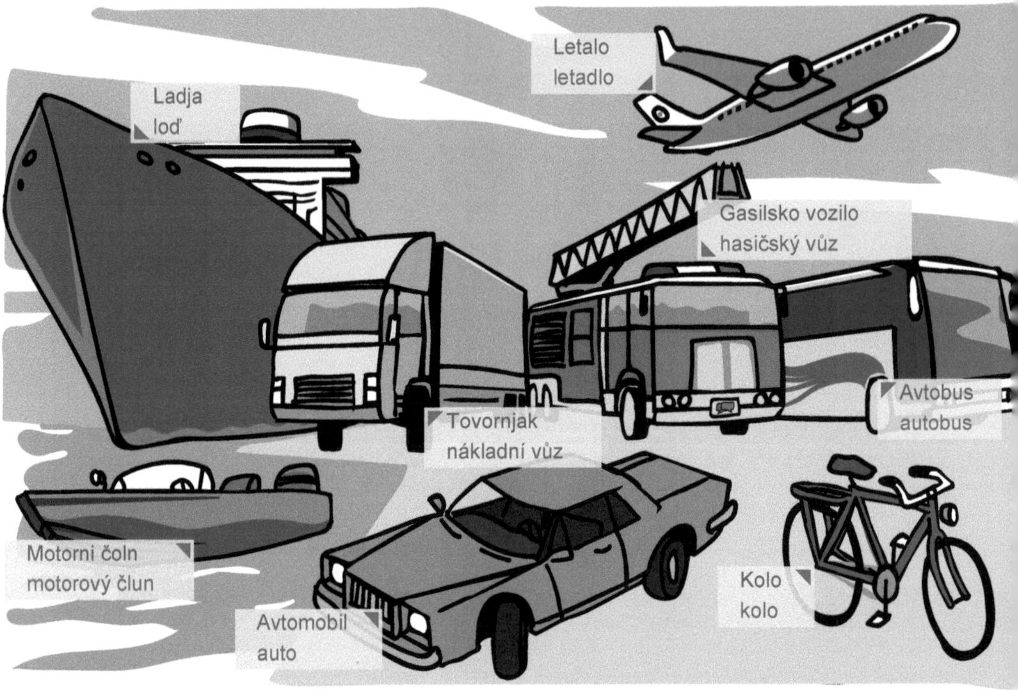
Letalo
letadlo
Ladja
loď
Gasilsko vozilo
hasičský vůz
Avtobus
autobus
Tovornjak
nákladní vůz
Motorni čoln
motorový člun
Kolo
kolo
Avtomobil
auto

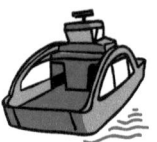

Trajekt

přívoz

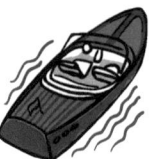

Čoln

člun

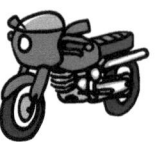

Motorno kolo

motorka

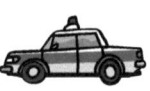

Policijski avto

policejní auto

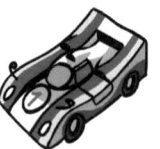

Dirkalni avto

závodní auto

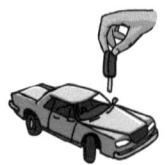

Najeto vozilo

pronajaté auto

Souporaba avtomobila

sdílení aut

Avtovleka

odtahová služba

Smetarsko vozilo

popelářský vůz

Motor

motor

Gorivo

palivo

Bencinska postaja

čerpací stanice

Prometni znak

dopravní značka

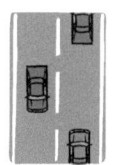

Promet

doprava

Zastoj

dopravní zácpa

Parkirišče

parkoviště

Železniška postaja

vlakové nádraží

Tirnice

koleje

Vlak

vlak

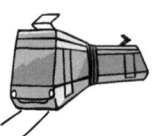

Tramvaj

tramvaj

Vagon

vagón

Helikopter

helikoptéra

Letališče

letiště

Stolp

věž

Potnik

pasažér

Kontejner

kontejner

Karton

kartón

Voziček

trakař

Košara

koš

vzleteti / pristati

vzlétnout / přistát

Mesto

město

Vas

vesnice

Mestno jedro

střed města

Hiša

dům

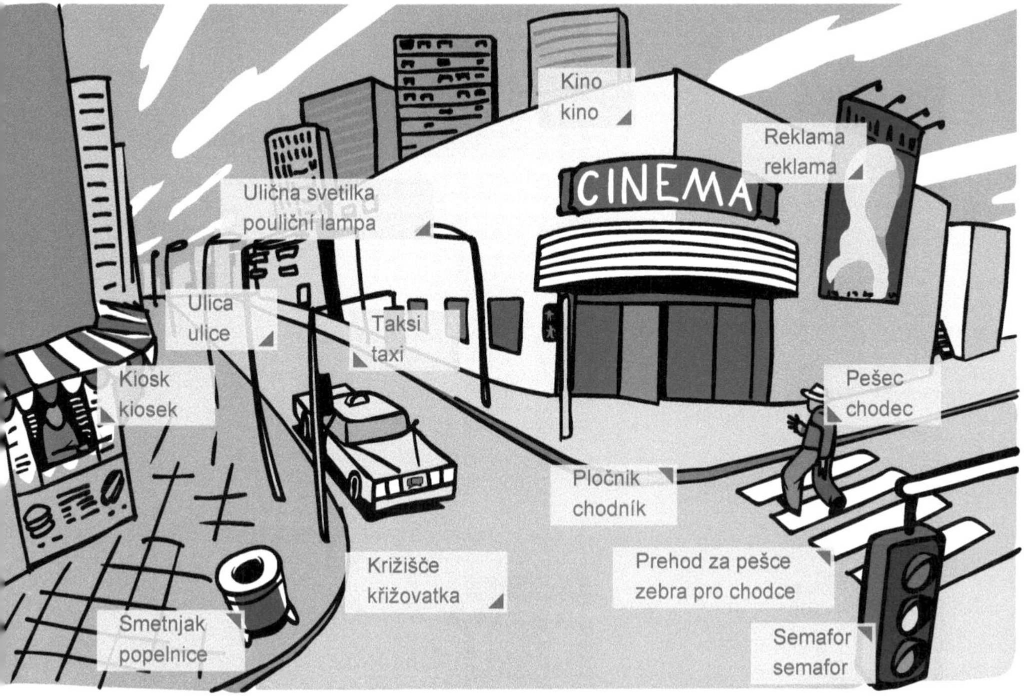

Kino
kino

Reklama
reklama

Ulična svetilka
pouliční lampa

CINEMA

Ulica
ulice

Taksi
taxi

Pešec
chodec

Kiosk
kiosek

Pločnik
chodník

Križišče
křižovatka

Prehod za pešce
zebra pro chodce

Smetnjak
popelnice

Semafor
semafor

Koča
chata

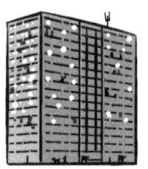

Stanovanje
byt

Železniška postaja
vlakové nádraží

Mestna hiša
radnice

Muzej
muzeum

Šola
škola

Univerza

univerzita

Banka

banka

Bolnišnica

nemocnice

Hotel

hotel

Lekarna

lékárna

Pisarna

kancelář

Knjigarna

knihkupectví

Trgovina

obchod

Cvetličarna

květinářství

Supermarket

supermarket

Tržnica

tržnice

Veleblagovnica

obchodní dům

Ribarnica

rybárna

Nakupovalno središče

nákupní centrum

Pristanišče

přístav

Park

park

Klop

lavička

Most

most

Stopnice

schody

Podzemna železnica

metro

Predor

tunel

Avtobusno postajališče

autobusová zastávka

Bar

bar

Restavracija

restaurace

Poštni nabiralnik

poštovní schránka

Ulična tabla

pouliční tabule

Parkirna ura

parkovací hodiny

Živalski vrt

zoo

Kopališče

plovárna

Mošeja

mešita

Kmetija

usedlost

Onesnaževanje

znečišťování životního prostředí

Pokopališče

hřbitov

Cerkev

církev

Otroško igrišče

hřiště

Tempelj

chrám

Pokrajina
krajina

List
list

Kažipot
rozcestník

Pot
cesta

Travnik
louka

Kamen
kámen

Drevo
strom

Pohodnik
turista

Reka
řeka

Trava
tráva

Cvetlica
květina

Dolina	Hrib	Jezero
údolí	hora	jezero
	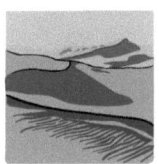	
Gozd	Puščava	Vulkan
les	poušť	sopka

Grad	Mavrica	Goba
zámek	duha	houba

Palma	Komar	Muha
palma	komár	moucha

Mravlja	Čebela	Pajek
mravenec	včela	pavouk

Hrošč

brouk

Žaba

žába

Veverica

veverka

Jež

ježek

Zajec

zajíc

Sova

sova

Ptič

pták

Labod

labuť

Divji prašič

divoké prase

Jelen

jelen

Los

los

Jez

přehrada

Vetrnica

větrné kolo

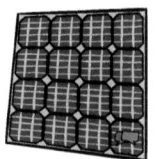

Solarna plošča

solární panel

Podnebje

podnebí

Restavracija
restaurace

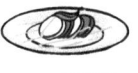

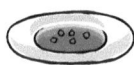

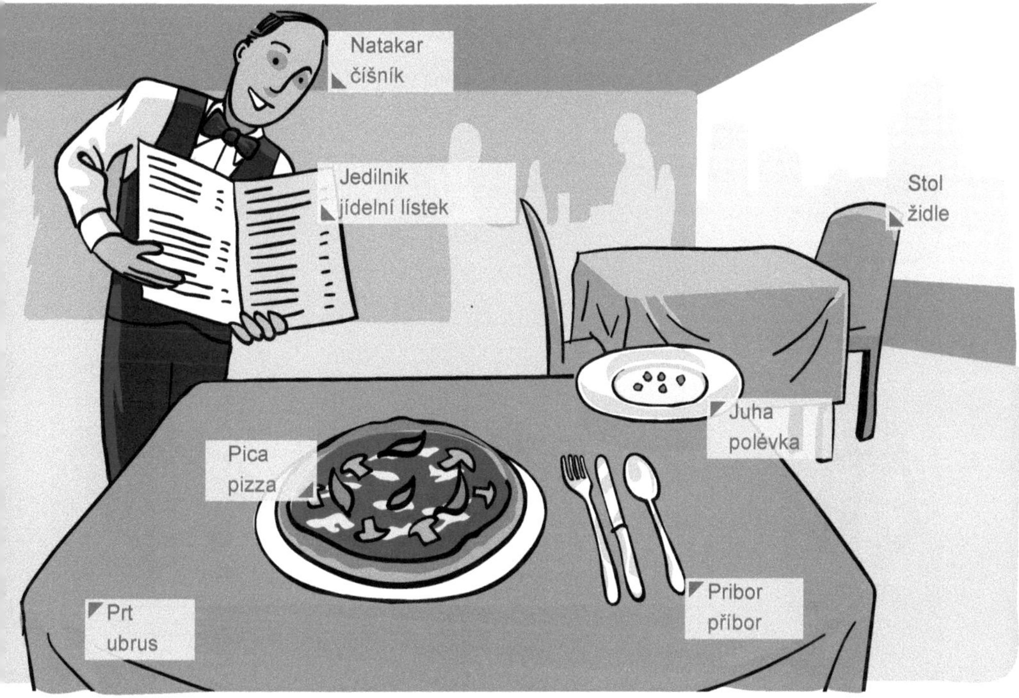

Natakar
číšník
Jedilnik
jídelní lístek
Stol
židle
Juha
polévka
Pica
pizza
Prt
ubrus
Pribor
příbor

Predjed

předkrm

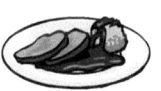

Glavna jed

hlavní chod

Sladica

dezert

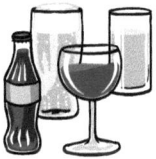

Pijače

nápoje

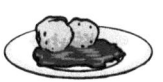

Hrana

jídlo

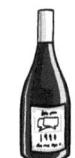

Steklenica

láhev

Hitra hrana

rychlé občerstvení

Ulična hrana

pouliční občerstvení

Čajnik

čajová konvice

Sladkornica

cukřenka

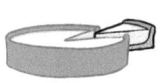

Porcija

porce

Aparat za espresso

kávovar na espresso

Stolček za hranjenje

dětská stolička

Račun

faktura

Pladenj

tác

Nož

nůž

Vilica

vidlička

Žlica

lžíce

Čajna žlička

čajová lyžička

Servieta

ubrousek

Kozarec

sklenička

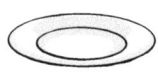

Krožnik
talíř

Globoki krožnik
talíř na polévku

Krožniček
podšálek

Omaka
omáčka

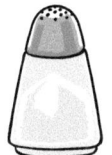

Solnica
slánka

Mlinček za poper
mlýnek na pepř

Kis
ocet

Olje
olej

Začimbe
koření

Kečap
kečup

Gorčica
hořčice

Majoneza
majonéza

Supermarket
supermarket

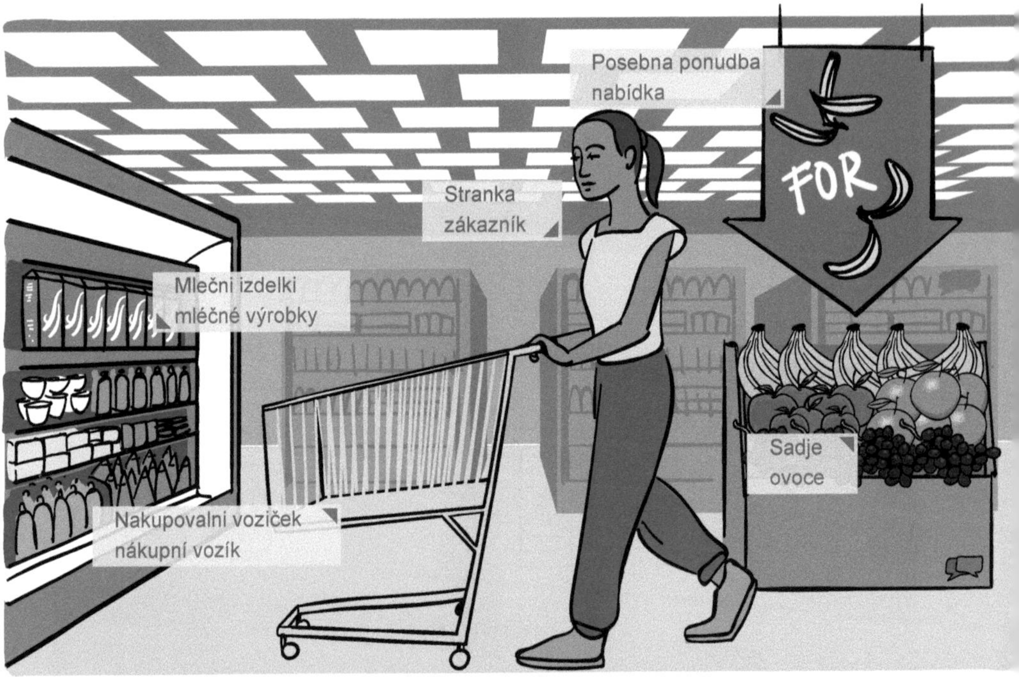

Posebna ponudba
nabídka
FOR
Stranka
zákazník
Mlečni izdelki
mléčné výrobky
Sadje
ovoce
Nakupovalni voziček
nákupní vozík

BUTCHERS

Mesnica

masna

BAKERY

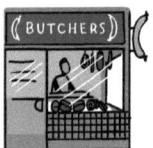

Pekarna

pekařství

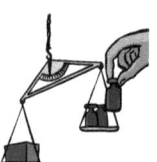

Tehtati

vážit

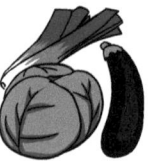

Zelenjava

zelenina

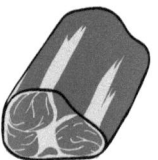

Meso

maso

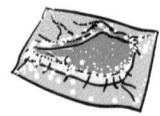

Zamrznjena hrana

mražené potraviny

Hladne mesnine

obložený talíř

Konzerve

konzervy

Pralni prašek

prací prášek

Sladkarije

cukrovinky

Gospodinjski izdelki

výrobky pro domácnost

Čistilno sredstvo

čisticí prostředek

Prodajalka

prodavačka

Blagajna

pokladna

Blagajnik

pokladní

Nakupovalni seznam

nákupní seznam

Delovni čas

otevírací doba

Denarnica

peněženka

Kreditna kartica

kreditní karta

Torba

taška

Plastična vrečka

igelitová taška

Voda

voda

Sok

džus

Mleko

mléko

Kola

kola

Vino

víno

Pivo

pivo

Alkohol

alkohol

Kakav

kakao

Čaj

čaj

Kava

káva

Espresso

espresso

Kapučino

kapučíno

Banana

banán

Jabolko

jablko

Pomaranča

pomeranč

Lubenica

meloun

Limona

citrón

Korenje

mrkev

Česen

česnek

Bambus

bambus

Čebula

cibule

Goba

houba

Oreščki

ořechy

Rezanci

těstoviny

Špageti

špageti

Riž

rýže

Solata

salát

Ocvrt krompirček

hranolky

Pečen krompir

americké brambory

Pica

pizza

Hamburger

hamburger

Sendvič

sendvič

Zrezek

řízek

Šunka

šunka

Salama

salám

Klobasa

salám

Piščanec

kuře

Pečenka

pečeně

Riba

ryby

Ovseni kosmiči

ovesné vločky

Musli

müsli

Koruzni kosmiči

vločky

Moka

mouka

Rogljiček

croissant

Žemlja

houska

Kruh

chléb

Prepečenec

toast

Piškoti

sušenky

Maslo

máslo

Skuta

tvaroh

Torta

buchta

Jajce

vejce

Pečeno jajce na oko

volské oko

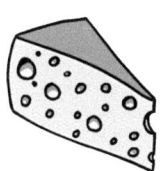

Sir

sýr

Sladoled

zmrzlina

Sladkor

cukr

Med

med

Marmelada

marmeláda

Čokoladni namaz

nugátový krém

Kari

kari

Kmetija
usedlost

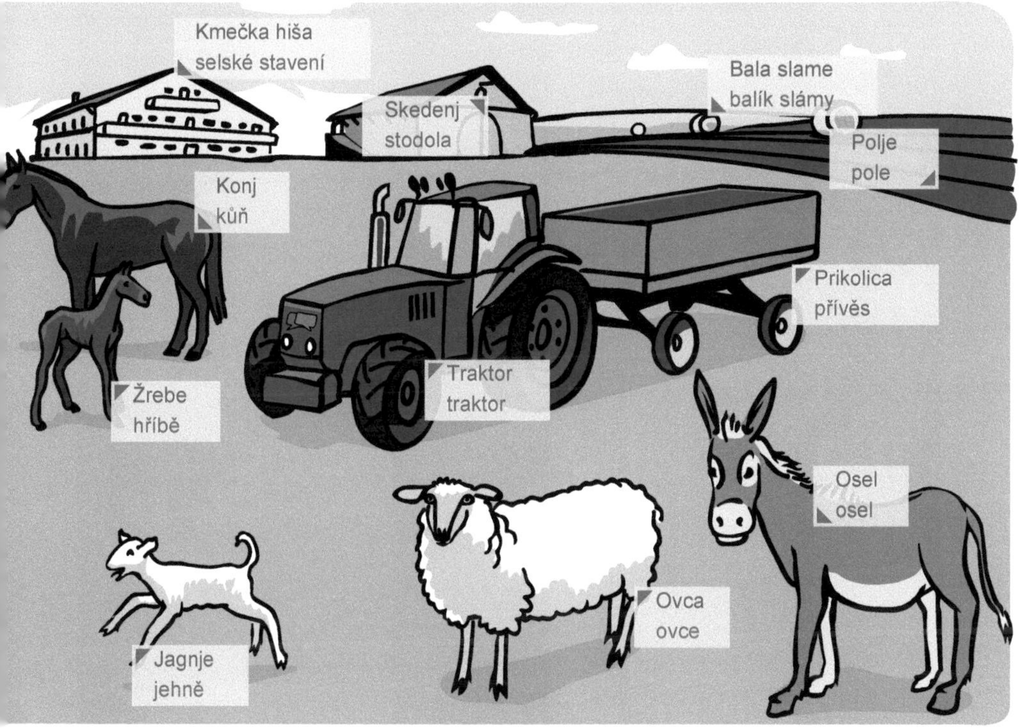
Kmečka hiša
selské stavení
Skedenj
stodola
Bala slame
balík slámy
Polje
pole
Konj
kůň
Prikolica
přívěs
Traktor
traktor
Žrebe
hříbě
Osel
osel
Ovca
ovce
Jagnje
jehně

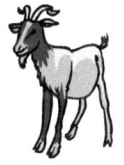

Koza

koza

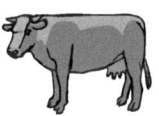

Krava

kráva

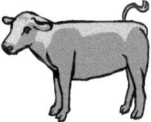

Tele

tele

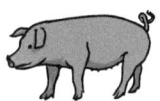

Prašič

prase

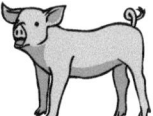

Pujsek

sele

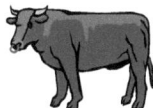

Bik

býk

Gos

husa

Raca

kachna

Piščanec

kuře

Kokoš

slepice

Petelin

kohout

Podgana

krysa

Mačka

kočka

Miš

myš

Vol

vůl

Pes

pes

Pasja uta

psí bouda

Cev za zalivanje

zahradní hadice

Kangla za zalivanje

kropicí konev

Kosa

kosa

Plug

pluh

Srp

srp

Motika

motyka

Vile

vidle

Sekira

sekera

Samokolnica

kolecko

Korito

koryto

Kangla za mleko

konev na mléko

Vreča

pytel

Ograja

plot

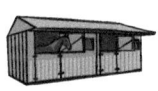

Hlev

stáj

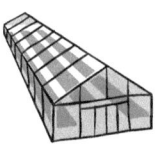

Rastlinjak

skleník

Prst

půda

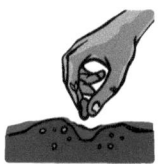

Seme

osivo

Gnojilo

hnojivo

Kombajn

kombajn

Kmetija - usedlost   29

Žeti

sklidit

Žetev

sklizeň

Jam

smldinec

Pšenica

pšenice

Soja

sója

Krompir

brambora

Koruza

kukuřice

Oljna ogrščica

řepka

Sadno drevo

ovocný strom

Maniok

maniok

Žito

obilí

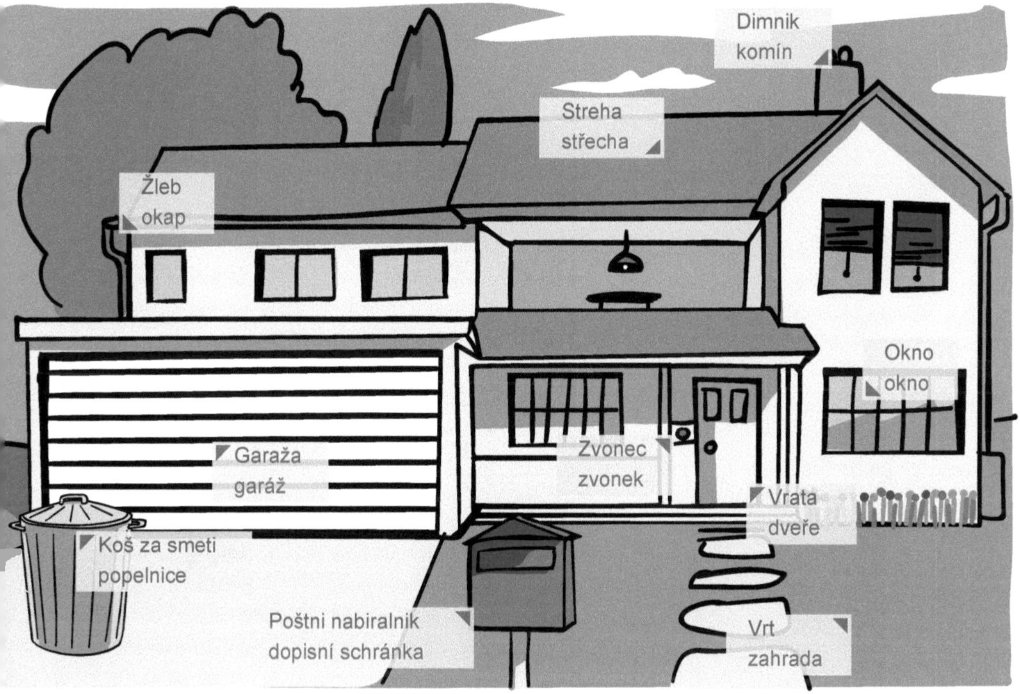

Dimnik
komín

Streha
střecha

Žleb
okap

Okno
okno

Garaža
garáž

Zvonec
zvonek

Vrata
dveře

Koš za smeti
popelnice

Poštni nabiralnik
dopisní schránka

Vrt
zahrada

Dnevna soba
....
obývací pokoj

Kopalnica
....
koupelna

Kuhinja
....
kuchyně

Spalnica
....
ložnice

Otroška soba
....
dětský pokoj

Jedilnica
....
jídelna

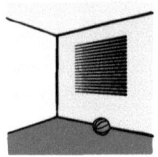

Tla

podlaha

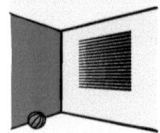

Stena

zeď

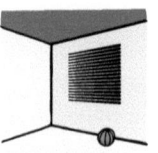

Strop

deka

Klet

sklep

Savna

sauna

Balkon

balkón

Terasa

terasa

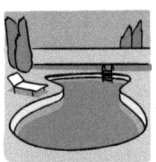

Bazen

bazén

Kosilnica

sekačka na trávu

Rjuha

ložní prádlo

Posteljno pregrinjalo

lůžková přikrývka

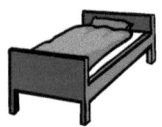

Postelja

postel

Metla

smeták

Vedro

kýbl

Stikalo

vypínač

Dnevna soba
obývací pokoj

Tapeta
tapeta
Slika
obrázek
Svetilka
žárovka
Polica
police
Omara
skříň
Televizor
televizor
Kamin
komín
Cvetlica
květina
Blazina
polštář
Zofa
gauč
Vaza
váza
Daljinski upravljalnik
dálkový ovladač

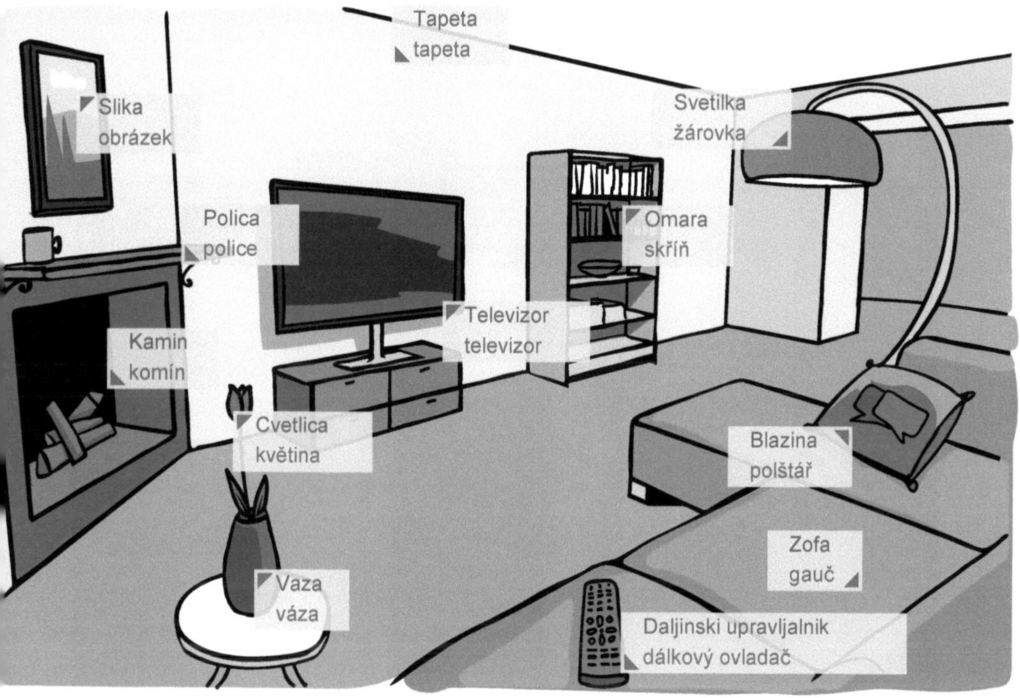

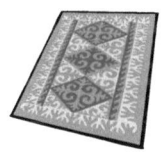

Preproga
koberec

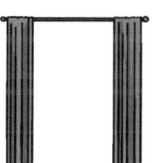

Zavesa
závěs

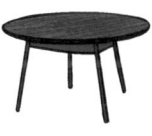

Miza
stůl

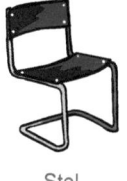

Stol
židle

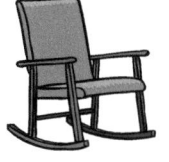

Gugalnik
houpací křeslo

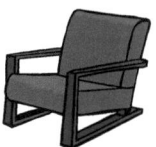

Naslanjač
křeslo

Knjiga

kniha

Odeja

strop

Dekoracija

ozdoba

Drva

palivové dříví

Film

film

Glasbeni stolp

stereo souprava

Ključ

klíč

Časopis

noviny

Slika

malba

Plakat

plakát

Radio

rádio

Beležka

poznámkový blok

Sesalnik

vysavač

Kaktus

kaktus

Sveča

svíce

Kuhinja
kuchyně

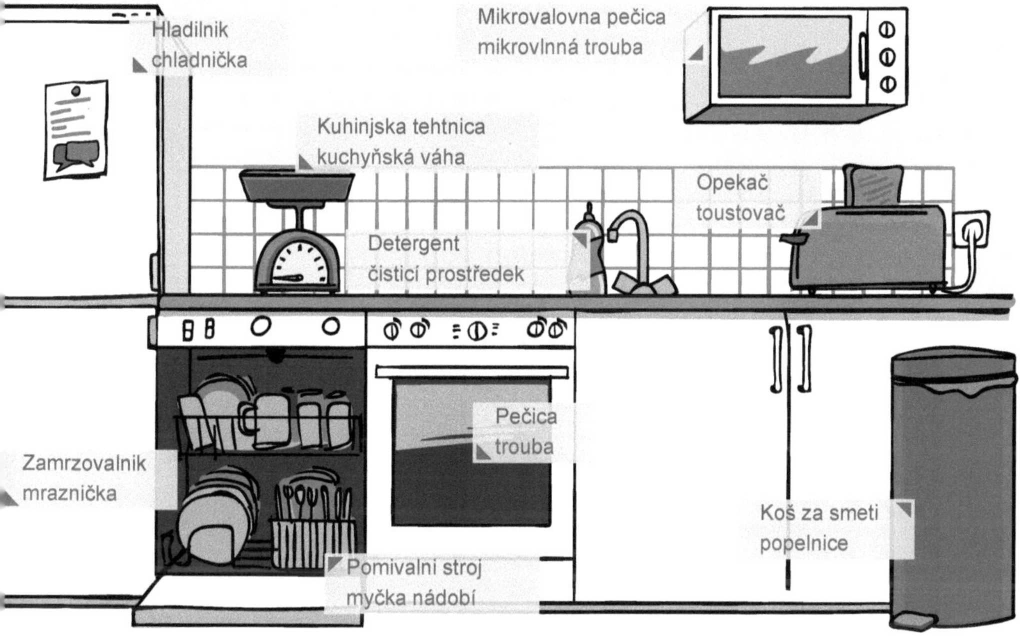
Hladilnik
chladnička
Mikrovalovna pečica
mikrovlnná trouba
Kuhinjska tehtnica
kuchyňská váha
Opekač
toustovač
Detergent
čisticí prostředek
Pečica
trouba
Zamrzovalnik
mraznička
Koš za smeti
popelnice
Pomivalni stroj
myčka nádobí

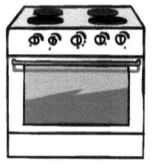

Kozica
sporák

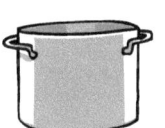

Lonec
hrnec

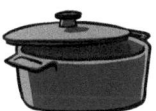

Litoželezni lonec
litinový hrnec

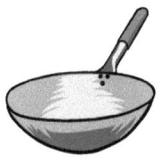

Vok / kadai
wok / kadai

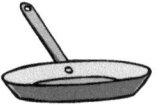

Ponev
pánev

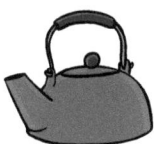

Kotliček
varná konvice

Parni kuhalnik

parní hrnec

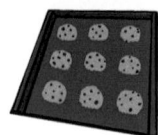

Pekač

plech na pečení

Posoda

nádobí

Skodelica

hrnek

Skleda

miska

Jedilne paličice

jídelní hůlky

Zajemalka

naběračka

Lopatica

obracečka

Metlica

metla

Cedilnik

síto

Cedilo

cedník

Strgalo

struhadlo

Možnar

hmoždíř

Žar

gril

Ognjišče

ohniště

Deska za rezanje

prkénko na krájení

Valjar

váleček na těsto

Odpirač za steklenice

vývrtka

Pločevinka

dóza

Odpirač za konzerve

otvírák na konzervy

Prijemalka za posodo

chňapka

Korito

umyvadlo

Ščetka

kartáč na nádobí

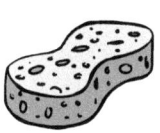

Goba

houba

Mešalnik

mixér

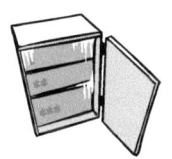

Zamrzovalna skrinja

mrazák

Steklenička

dětská lahev

Pipa

kohoutek

Kuhinja - kuchyně

Kopalnica
koupelna

Ogrevanje
topeni

Prha
sprcha

Brisača
ručník

Zavesa za prho
sprchový závěs

Peneča kopel
pěnová koupel

Kopalna kad
vana

Kozarec
sklenička

Pralni stroj
pračka

Pipa
kohoutek

Ploščice
obkladačky

Kahlica
nočník

Korito
umyvadlo

Stranišče
záchod

Stranišče na počep
turecký záchod

Bide
bidet

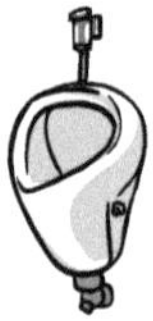

Pisoar
pisoár

Toaletni papir
toaletní papír

Ščetka za straniščno školjko
záchodová štětka

Zobna ščetka

zubní kartáček

Zobna pasta

zubní pasta

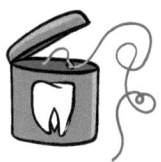

Zobna nitka

zubní niť

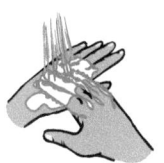

Umiti se

mýt

Ročna prha

ruční sprcha

Prha za intimne dele

intimní sprcha

Umivalnik

umyvadlo

Krtača za hrbet

kartáč na záda

Milo

mýdlo

Gel za prhanje

sprchový gel

Šampon

šampón

Krpica za miljenje

žínka

Odtok

odpad

Krema

krém

Deodorant

deodorant

Ogledalo

zrcadlo

Ročno ogledalo

kosmetické zrcátko

Britvica

holicí strojek

Pena za britje

pěna na holení

Vodica po britju

voda po holení

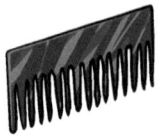

Glavnik

hřeben

Ščetka

kartáč

Sušilnik za lase

fén

Lak za lase

lak na vlasy

Ličila

makeup

Šminka

rtěnka

Lak za nohte

lak na nehty

Vatirane blazinice

vata

Škarjice za nohte

nůžky na nehty

Parfum

parfém

Toaletna torbica
....
ška s toaletními potřebami

Stol brez naslonjala
....
stolička

Osebna tehtnica
....
váha

Kopalni plašč
....
župan

Gumijaste rokavice
....
gumové rukavice

Tampon
....
tampón

Damski vložki
....
dámská vložka

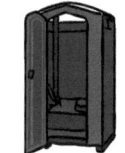

Kemično stranišče
....
chemická toaleta

Otroška soba
dětský pokoj

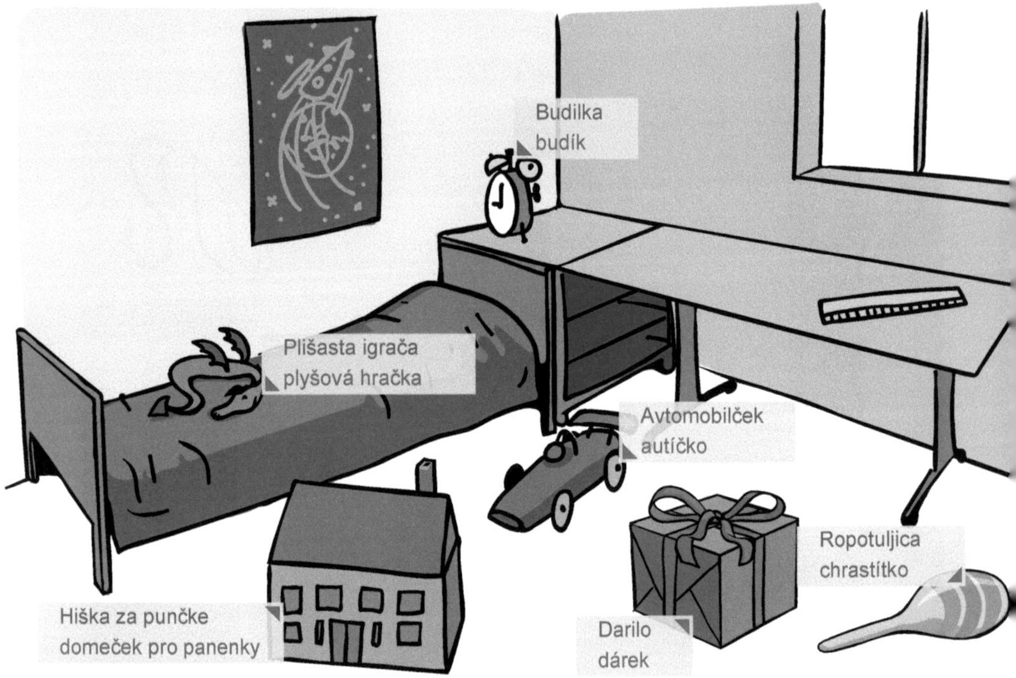
Budilka
budík
Plišasta igrača
plyšová hračka
Avtomobilček
autíčko
Ropotuljica
chrastítko
Hiška za punčke
domeček pro panenky
Darilo
dárek

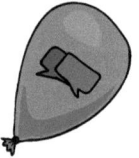

Balon
balón

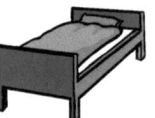

Postelja
postel

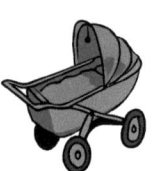

Otroški voziček
kočárek

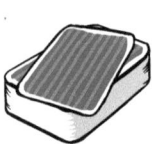

Igralne karte
balíček karet

Sestavljanka
puzzle

SUPER MEGA

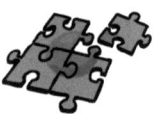

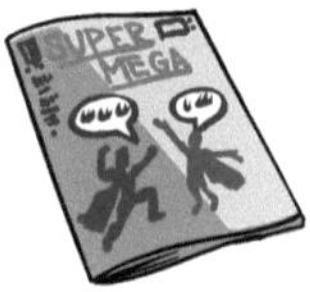

Strip
komiks

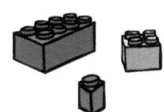

Lego kocke

lego kostky

Igralne kocke

stavebnice

Akcijska figura

akční figurka

Bodi

dupačky

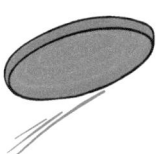

Frizbi

frisbee

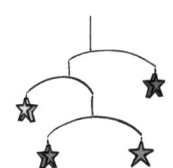

Vrtiljak za posteljico

závěsné hračky nad postýlku

Namizna igra

desková hra

Kocka

kostky

Komplet modelov vlakov

modelová železnice

Duda

dudlík

Zabava

oslava

Slikanica

obrázková kniha

Žoga

míč

Lutka

panenka

Igrati se

hrát si

Peskovnik

pískoviště

Gugalnica

houpačka

Igrače

hračky

Igralna konzola

hrací konzole

Tricikel

tříkolka

Plišasti medvedek

medvídek

Garderoba

šatník

Oblačilo

oblečení

Nogavice

ponožky

Samostoječe nogavice

punčochy

Hlačne nogavice

punčochové kalhoty

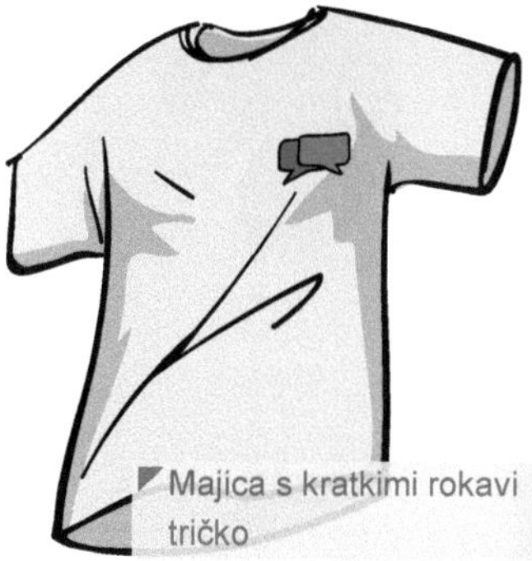

Šal
šála

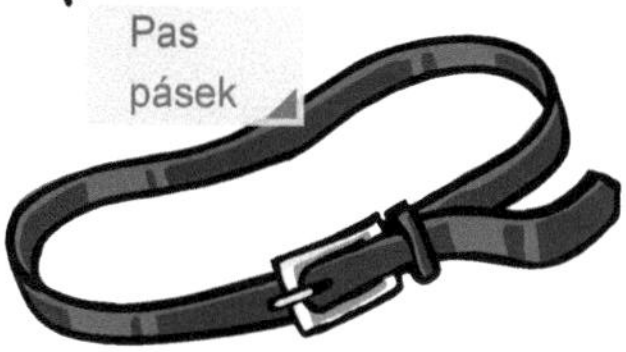

Dežnik
deštník

Pas
pásek

Majica s kratkimi rokavi
tričko

Športni copati
tenisky

Škornji
kozačky

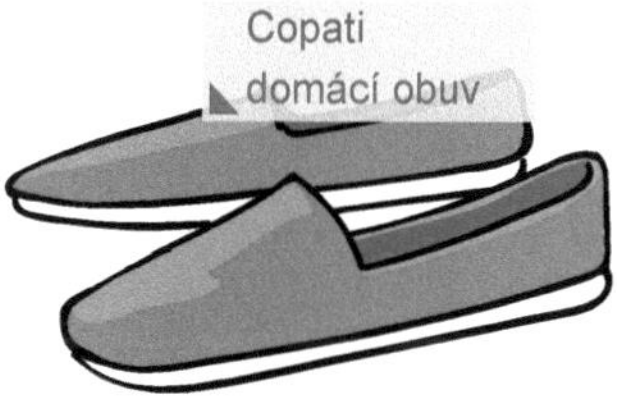

Copati
domácí obuv

Sandali
....
sandály

Čevlji
....
obuv

Gumijasti škornji
....
holínky

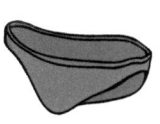

Spodnje hlače
....
spodní prádlo

Modrček
....
podprsenka

Telovnik
....
nátělník

Bodi

body

Hlače

kalhoty

Kavbojke

džíny

Krilo

sukně

Bluza

blůza

Srajca

košile

Pulover

svetr

Pletena jopica

mikina

Jopa

blejzr

Jakna

bunda

Plašč

kabát

Dežni plašč

pláštěnka

Kostim

kostým

Obleka

šaty

Poročna obleka

svatební šaty

Oblačilo - oblečení

Obleka
oblek

Spalna srajca
noční košile

Pižama
pyžamo

Sari
sárí

Naglavna ruta
šátek na hlavu

Turban
turban

Burka
burka

Kaftan
kaftan

Abaja
abája

Kopalke
plavky

Kopalne hlače
pánské plavky

Kratke hlače
kraťasy

Trenirka
teplákova souprava

Predpasnik
zástěra

Rokavice
rukavice

Gumb

knoflík

Očala

brýle

Zapestnica

náramek

Verižica

náhrdelník

Prstan

prsten

Uhan

náušnice

Kapa

čepice

Obešalnik

ramínko

Klobuk

klobouk

Kravata

kravata

Zadrga

zip

Čelada

helma

Naramnice

kšandy

Šolska uniforma

školní uniforma

Uniforma

uniforma

Slinček
....
bryndák

Duda
....
dudlík

Plenica
....
plena

Pisarna
kancelář

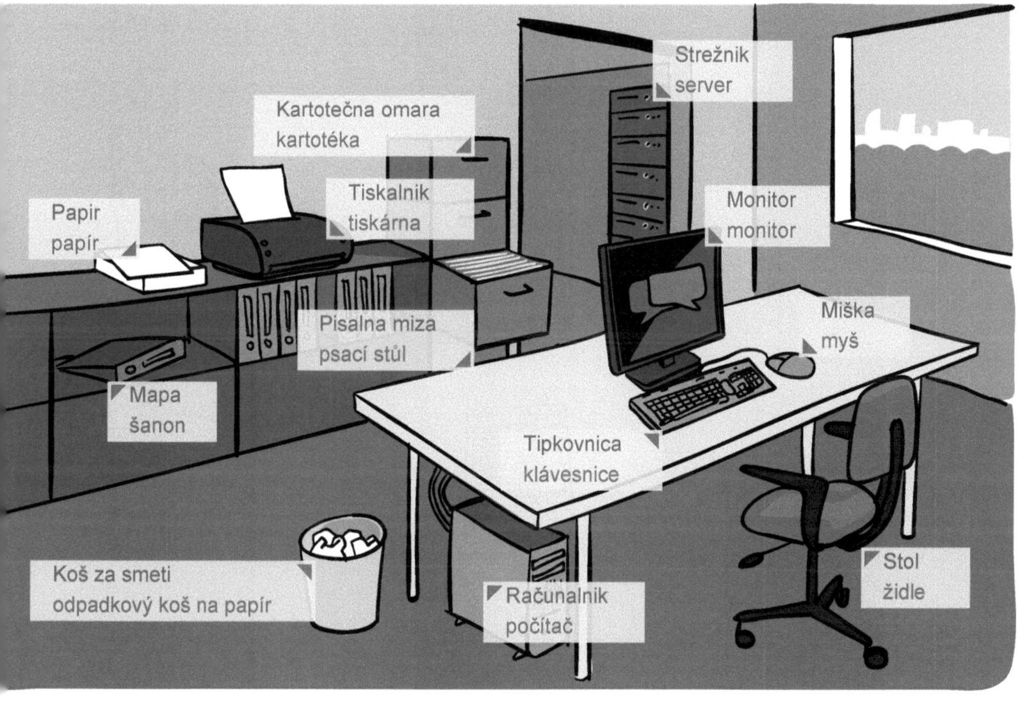

Strežnik
server

Kartotečna omara
kartotéka

Tiskalnik
tiskárna

Papir
papír

Monitor
monitor

Pisalna miza
psací stůl

Miška
myš

Mapa
šanon

Tipkovnica
klávesnice

Koš za smeti
odpadkový koš na papír

Računalnik
počítač

Stol
židle

Lonček za kavo
....
hrnek na kávu

Kalkulator
....
kalkulačka

Internet
....
internet

Prenosnik

notebook

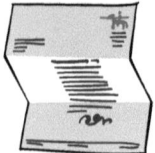

Pismo

dopis

Sporočilo

zpráva

Mobilnik

mobil

Omrežje

síť

Kopirni stroj

kopírka

Programska oprema

software

Telefon

telefon

Vtičnica

zásuvka

Telefaks

fax

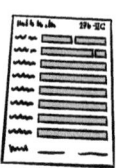

Obrazec

formulář

Dokument

dokument

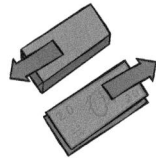

Kupiti

nakupovat

Plačati

zaplatit

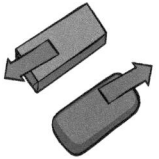

Trgovati

jednat

Denar

peníze

Dolar

dolar

Evro

euro

Jen

jen

Rubelj

rubl

Švičarski frank

frank

Kitajski juan renminbi

juan

Rupija

rupie

Bankomat

bankomat

Menjalnica

směnárna

Zlato

zlato

Srebro

stříbro

Nafta

olej

Energija

energie

Cena

cena

Pogodba

smlouva

Davek

daň

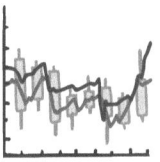

Delnice

akcie

Delati

pracovat

Delojemalec

zaměstnanec

Delodajalec

zaměstnavatel

Tovarna

továrna

Trgovina

obchod

Poklici
povolání

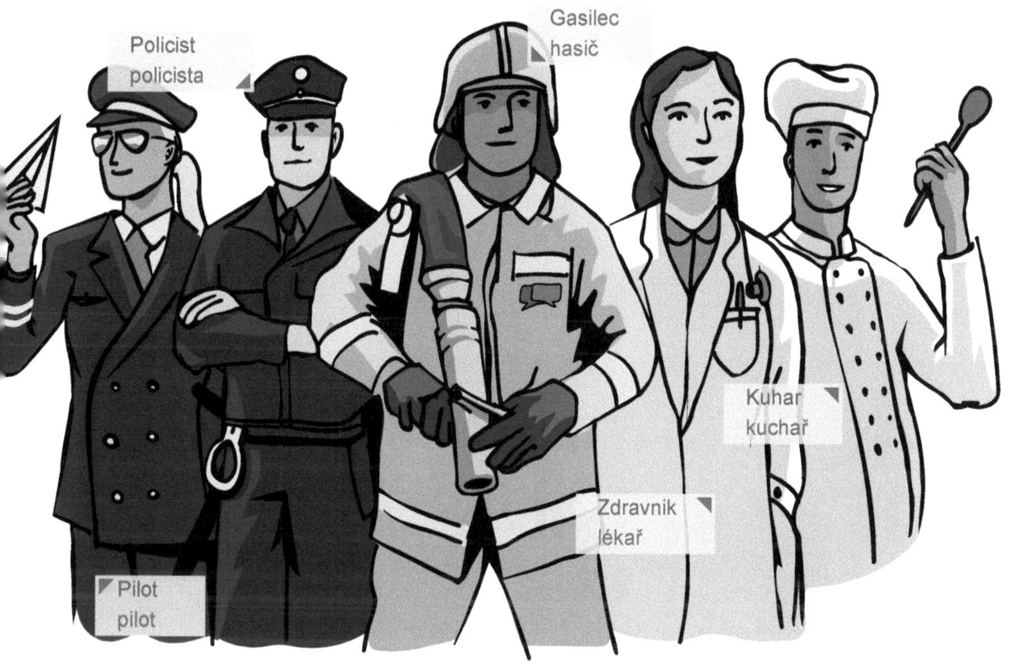

Policist
policista
Gasilec
hasič
Kuhar
kuchař
Zdravnik
lékař
Pilot
pilot

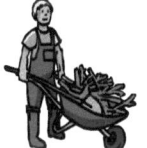

Vrtnar

zahradník

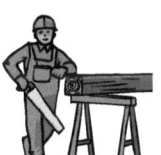

Mizar

truhlář

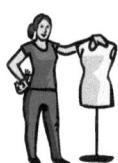

Šivilja

švadlena

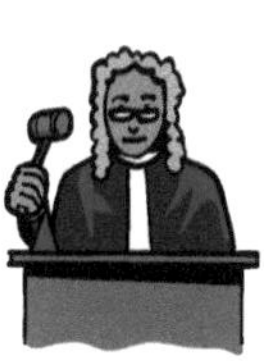

Sodnik

soudce

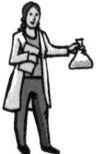

Kemik

chemik

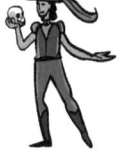

Igralec

herec

Voznik avtobusa

řidič autobusu

Taksist

řidič taxi

Ribič

rybář

Čistilka

uklízečka

Krovec

pokrývač

Natakar

číšník

Lovec

myslivec

Pleskar

malíř

Pek

pekař

Električar

elektrikář

Gradbenik

stavební dělník

Inženir

inženýr

Mesar

řezník

Vodovodni inštalater

klempíř

Poštar

listonoš

Vojak

voják

Arhitekt

architekt

Blagajnik

pokladní

Cvetličar

florista

Frizer

kadeřník

Sprevodnik

průvodčí

Mehanik

mechanik

Kapitan

kapitán

Zobozdravnik

zubař

Znanstvenik

vědec

Rabin

rabín

Imam

imám

Menih

mnich

Duhovnik

duchovní

Orodje

nářadí

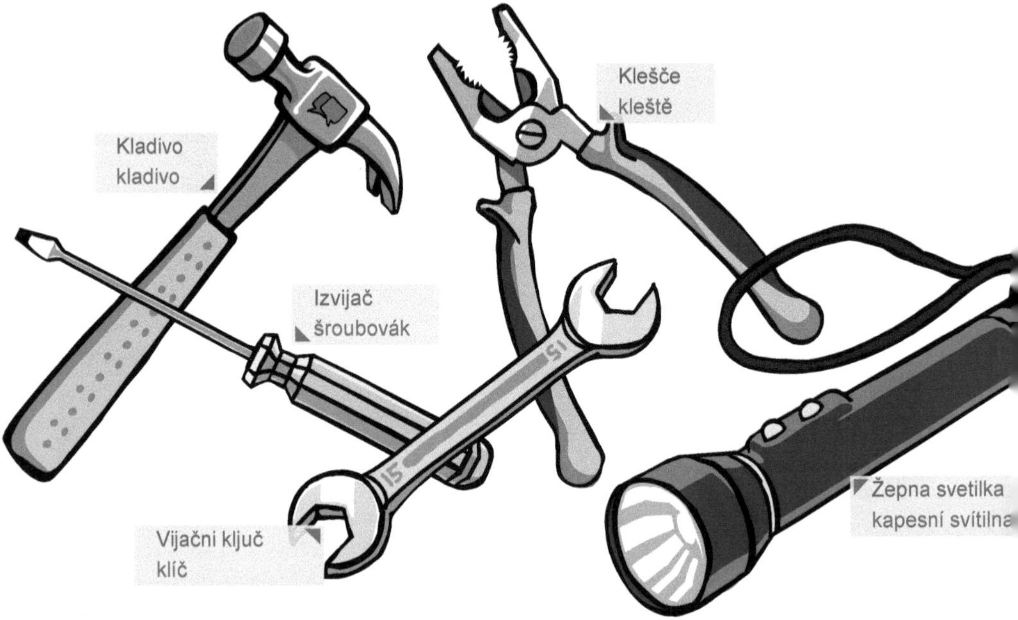

Klešče
kleště
Kladivo
kladivo
Izvijač
šroubovák
Žepna svetilka
kapesní svítilna
Vijačni ključ
klíč

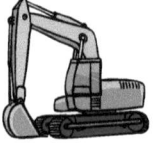

Bager

bagr

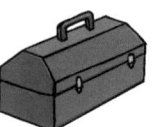

Zaboj z orodjem

skříň na nářadí

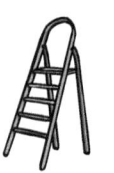

Lestev

žebřík

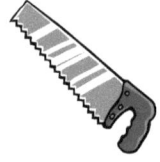

Žaga

pila

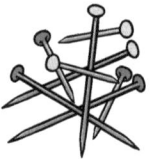

Žeblji

hřebíky

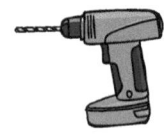

Vrtalnik

vrtačka

Popraviti
....
opravit

Lopata
....
lopata

Šment!
....
Kurva!

Smetišnica
....
lopatka

Posoda z barvo
....
vědroé na barvu

Vijaki
....
šrouby

Glasbeni instrument
hudební nástroje

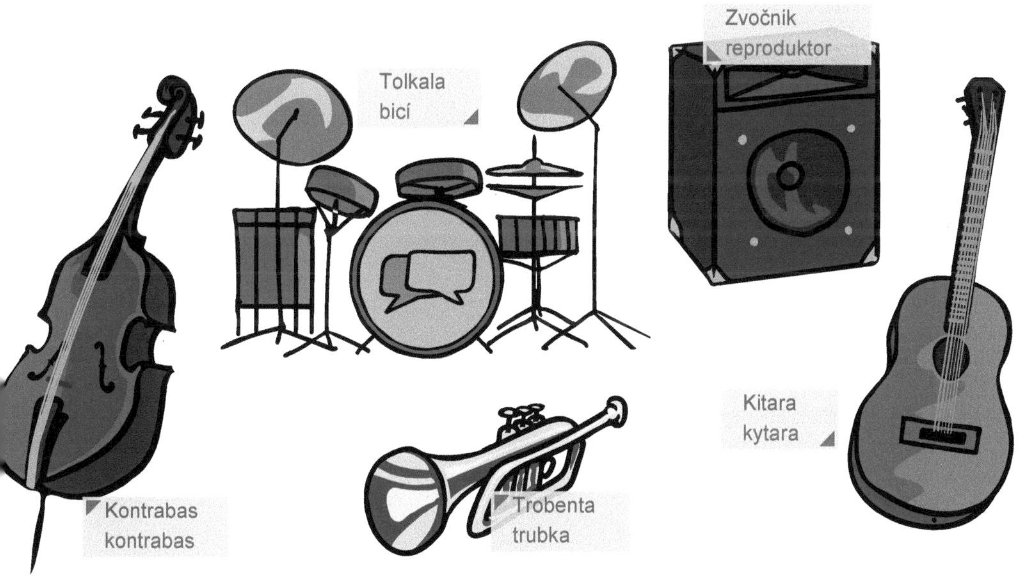

Tolkala
bicí

Zvočnik
reproduktor

Kitara
kytara

Kontrabas
kontrabas

Trobenta
trubka

Klavir

klavír

Violina

housle

Bas kitara

basa

Pavke

tympán

Bobni

bubny

Sintetizator

keyboard

Saksofon

saxofon

Flavta

flétna

Mikrofon

mikrofon

Glasbeni instrument - hudební nástroje

Živalski vrt

zoo

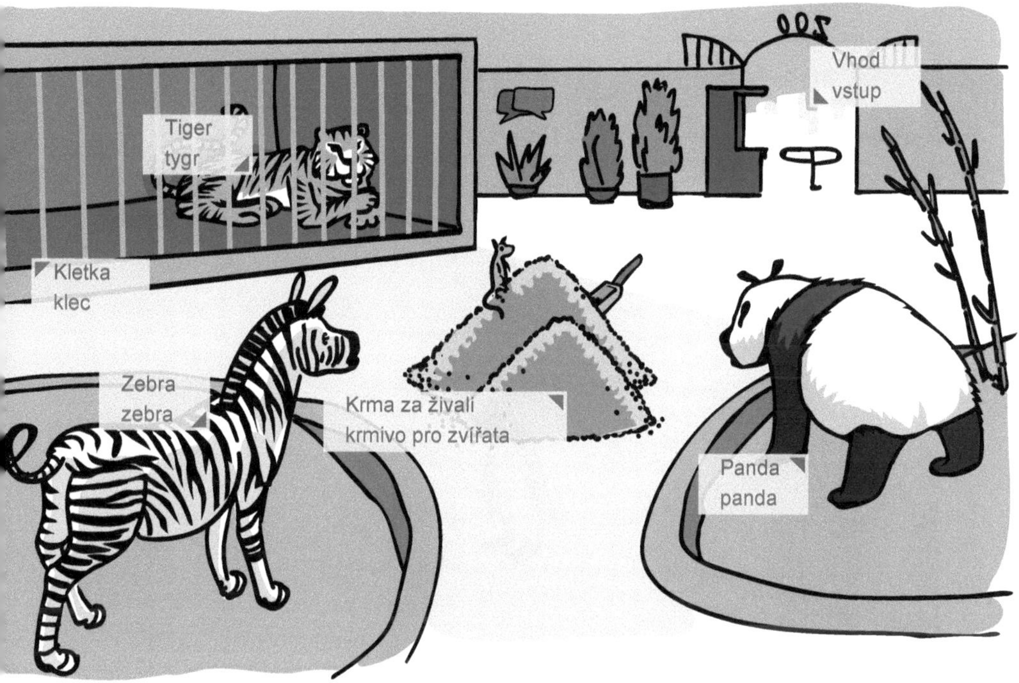
Vhod
vstup
Tiger
tygr
Kletka
klec
Zebra
zebra
Krma za živali
krmivo pro zvířata
Panda
panda

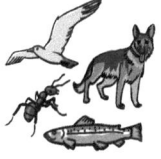

Živali

zvířata

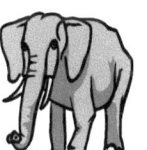

Slon

slon

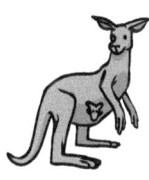

Kenguru

klokan

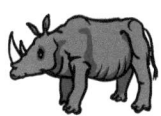

Nosorog

nosorožec

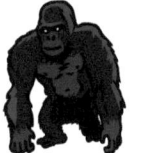

Gorila

gorila

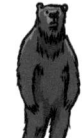

Medved

medvěd

Kamela

velbloud

Noj

pštros

Lev

lev

Opica

opice

Plamenec

plameňák

Papagaj

papoušek

Severni medved

lední medvěd

Pingvin

tučňák

Morski pes

žralok

Pav

páv

Kača

had

Krokodil

krokodýl

Oskrbnik v živalskem vrtu

ošetřovatel zvířat

Tjulenj

tuleň

Jaguar

jaguár

Poni

poník

Leopard

leopard

Povodni konj

hroch

Žirafa

žirafa

Orel

orel

Divji prašič

divoké prase

Riba

ryby

Želva

želva

Mrož

mrož

Lisica

liška

Gazela

gazela

Šport
sport

Ameriški nogomet
americký fotbal

Kolesarjenje
cyklistika

Tenis
tenis

Košarka
košíková

Plavanje
plavání

Boks
box

Hokej
lední hokej

Nogomet
kopaná

Badminton
badminton

Atletika
lehká atletika

Rokomet
házená

Smučanje
běh na lyžích

Polo
vodní pólo

Dejavnosti
aktivity

Smejati se
smát se
Skočiti
skočit
Objeti
objímat
Hoditi
jít
Peti
zpívat
Sanjati
snít
Moliti
modlit se
Poljubiti
políbit

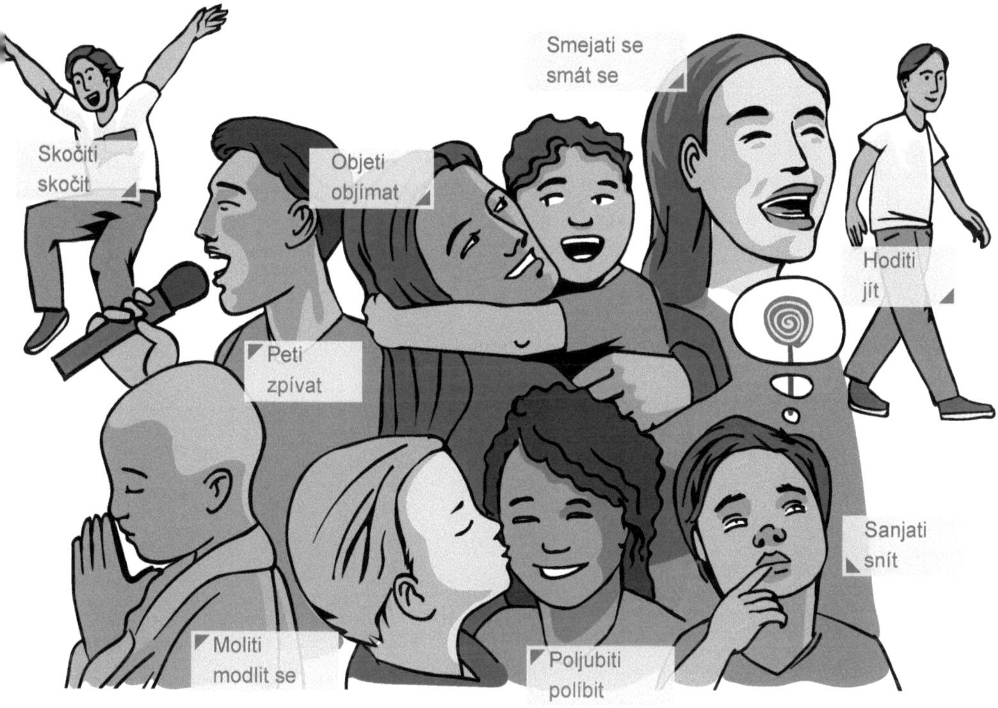

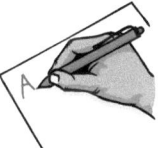

Pisati
....
psát

Risati
....
kreslit

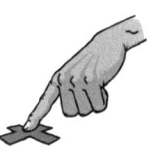

Pokazati
....
ukazovat

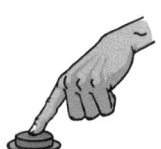

Potisniti
....
tlačit

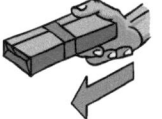

Dati
....
dát

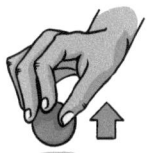

Vzeti
....
vzít si

Imeti

mít

Narediti

dělat

Biti

být

Stati

stát

Teči

běhat

Vleči

táhnout

Vreči

hodit

Pasti

padat

Ležati

ležet

Čakati

čekat

Nositi

nosit

Sedeti

sedět

Obleči se

oblékat

Spati

spát

Zbuditi se

vzbudit se

Gledati

prohlédnout si

Jokati

plakat

Božati

pohladit

Česati se

česat

Govoriti

hovořit

Razumeti

rozumět

Vprašati

ptát se

Poslušati

slyšet

Piti

pít

Jesti

jíst

Pospraviti

uklidit

Ljubiti

milovat

Kuhati

vařit

Voziti

jet

Leteti

letět

Jadrati

plachtit

Računanje

počítat

Brati

číst

Učiti se

učit se

Delati

pracovat

Poročiti se

vzít si

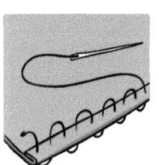

Šivati

šít

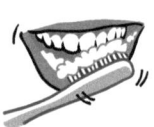

Ščetkati si zobe

čistit si zuby

Ubiti

zabít

Kaditi

kouřit

Poslati

poslat

Družina
rodina

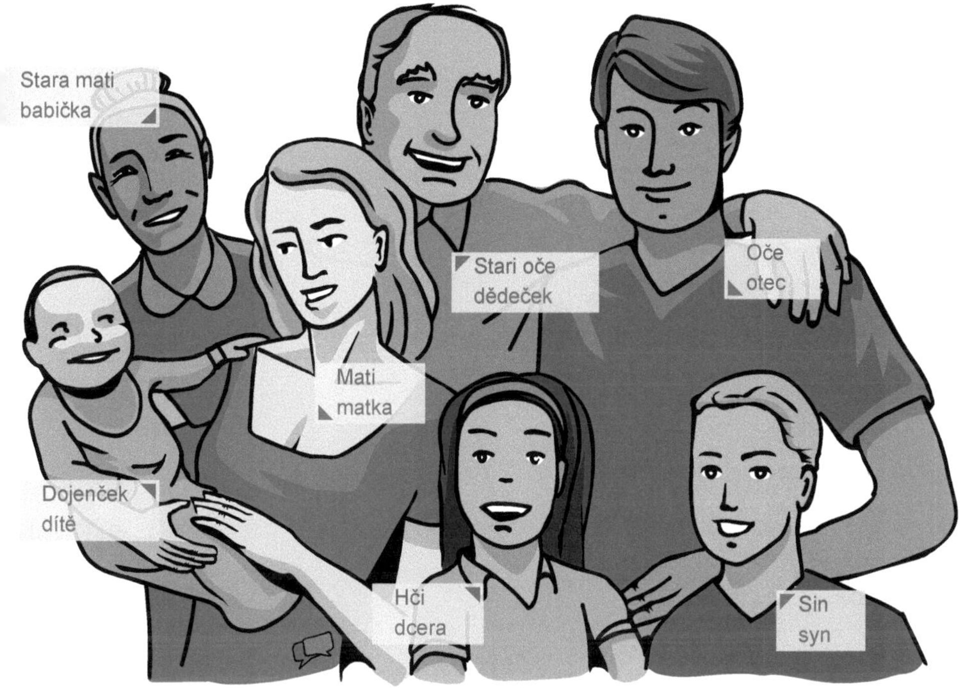

Stara mati
babička
Stari oče
dědeček
Oče
otec
Mati
matka
Dojenček
dítě
Hči
dcera
Sin
syn

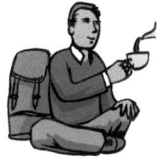

Gost
host

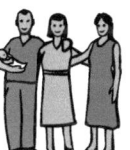

Teta
teta

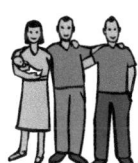

Stric
strýc

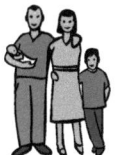

Brat
bratr

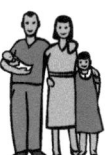

Sestra
sestra

Telo
tělo

Čelo
čelo
Oko
oko
Rama
rameno
Prst
prst
Obraz
obličej
Brada
brada
Dlan
ruka
Noga
dolní končetina
Prsi
hruď
Roka
paže

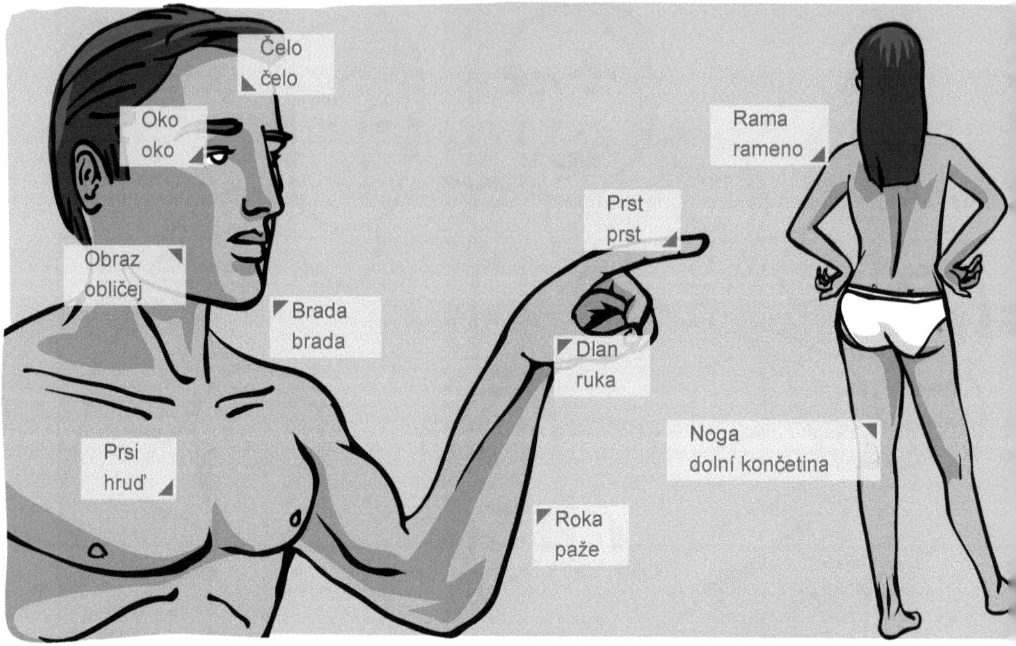

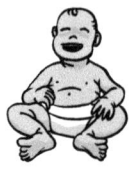

Dojenček

dítě

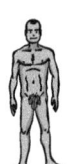

Človek

muž

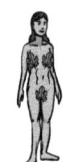

Ženska

žena

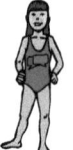

Dekle

dívka

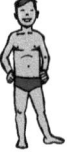

Fant

chlapec

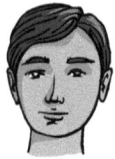

Glava

hlava

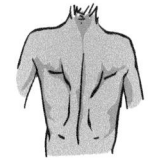

Hrbet

záda

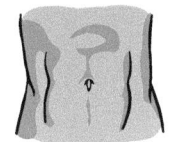

Trebuh

břicho

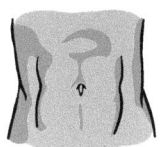

Popek

pupík

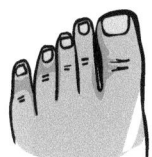

Prst na nogi

prst na noze

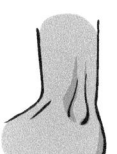

Peta

pata

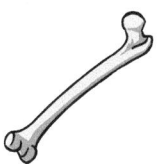

Kost

kost

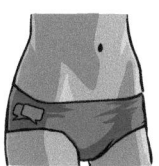

Kolk

bok

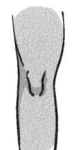

Koleno

koleno

Komolec

loket

Nos

nos

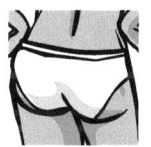

Zadnjica

zadek

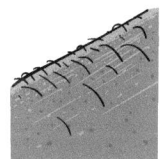

Koža

kůže

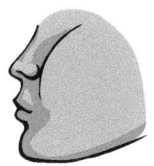

Lice

tvář

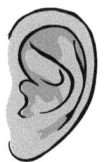

Uho

ucho

Ustnica

ret

Usta

ústa

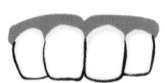

Zob

zub

Jezik

jazyk

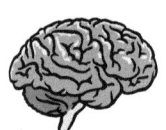

Možgani

mozek

Srce

srdce

Mišica

sval

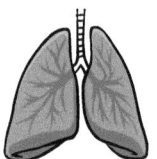

Pljuča

plíce

Jetra

játra

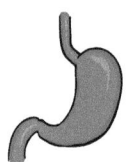

Želodec

žaludek

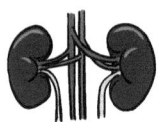

Ledvice

ledviny

Spolni odnos

pohlavní styk

Kondom

kondom

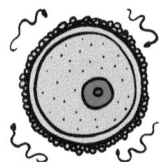

Jajčece

vajíčko

Semenska tekočina

sperma

Nosečnost

těhotenství

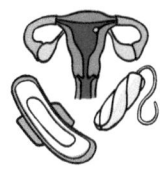

Menstruacija

menstruace

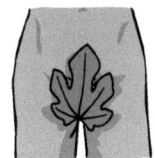

Vagina

vagina

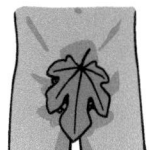

Penis

penis

Obrv

obočí

Lasje

vlasy

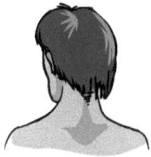

Vrat

krk

Bolnišnica
nemocnice

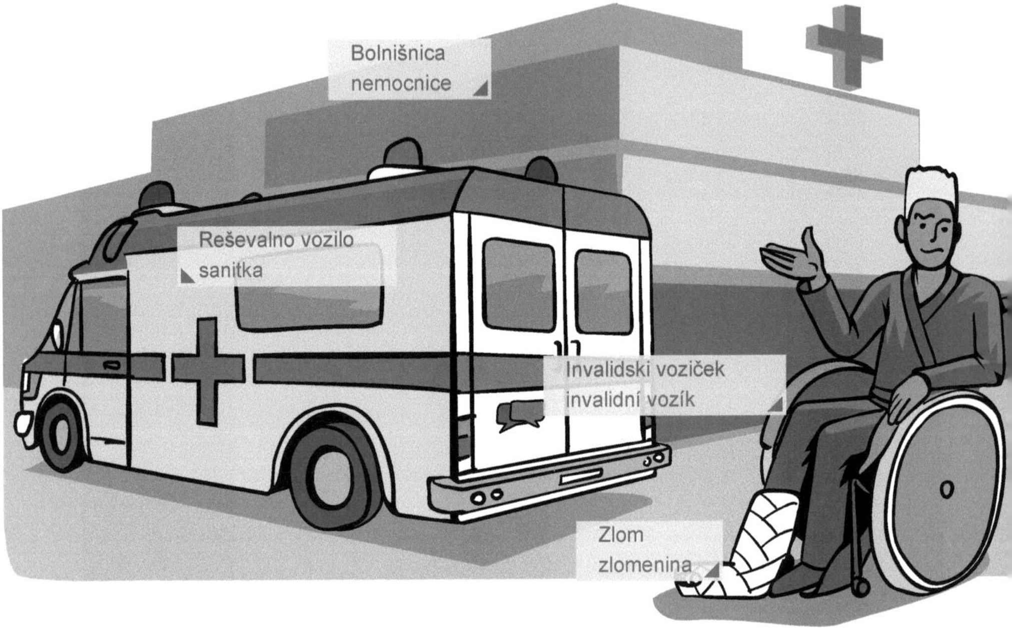

Bolnišnica
nemocnice
Reševalno vozilo
sanitka
Invalidski voziček
invalidní vozík
Zlom
zlomenina

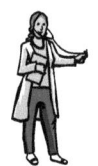

Zdravnik

lékař

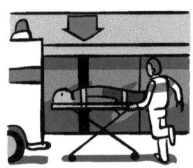

Urgenca

pohotovost

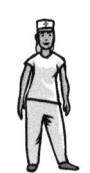

Medicinska sestra

zdravotní sestra

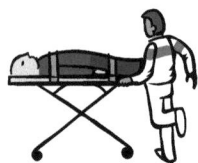

Nujni primer

urgentní případ

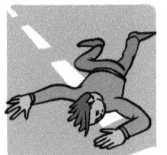

Nezavesten

v bezvědomí

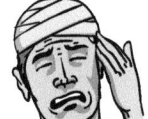

Bolečina

bolest

Poškodba

úraz

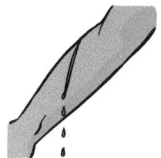

Krvavenje

krvácení

Srčni infarkt

infarkt myokardu

Kap

cévní mozková příhoda

Alergija

alergie

Kašelj

kašel

Vročina

horečka

Gripa

chřipka

Driska

průjem

Glavobol

bolest hlavy

Rak

rakovina

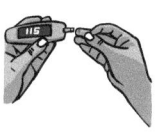

Sladkorna bolezen

cukrovka

Kirurg

chirurg

Skalpel

skalpel

Operacija

operace

CT
CT

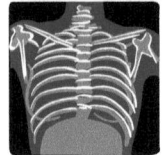

Rentgen
rentgen

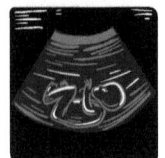

Ultrazvok
ultrazvuk

Obrazna maska
maska

Bolezen
nemoc

Čakalnica
čekárna

Bergla
berle

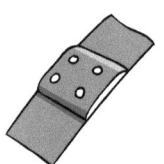

Obliž
náplast

Preveza
obvaz

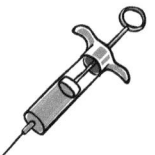

Injekcija
injekce

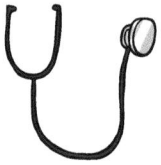

Stetoskop
stetoskop

Nosila
nosítka

Klinični termometer
teploměr

Porod
porod

Prekomerna teža
nadváha

Slušni pripomoček
....
naslouchátko

Razkužilo
....
dezinfekční prostředek

Okužba
....
infekce

Virus
....
virus

HIV / AIDS
....
HIV / AIDS

Medicina
....
lékařství

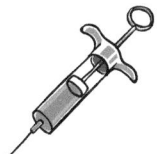

Cepljenje
....
očkování

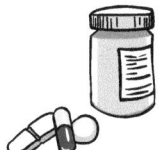

Tablete
....
tablety

Tableta
....
pilulka

Klic v sili
....
tísňové volání

Merilnik krvnega tlaka
....
tonometr

bolano / zdravo
....
nemocný / zdravý

Na pomoč!

Pomoc!

Alarm

poplach

Napad

přepadení

Napad

napadení

Nevarnost

nebezpečí

Izhod v sili

nouzový východ

Gori!

Hoří!

Gasilni aparat

hasicí přístroj

Nezgoda

nehoda

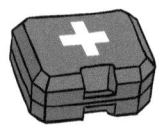

Komplet za prvo pomoč

zdravotnická brašna

SOS

SOS

Policija

policie

Evropa

Evropa

Severna Amerika

Severní Amerika

Južna Amerika

Jižní Amerika

Afrika

Afrika

Azija

Asie

Avstralija

Austrálie

Atlantski ocean

Atlantik

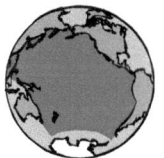

Tihi ocean

Pacifik

Indijski ocean

Indický oceán

Južni ocean

Jižní ledový oceán

Arktični ocean

Severní ledový oceán

Severni tečaj

severní pól

Južni tečaj

jižní pól

Antarktika

Antarktida

Zemlja

země

Kopno

pevnina

Morje

moře

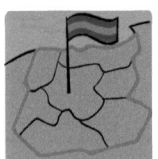

Otok

ostrov

Narod

národ

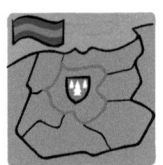

Država

stát

Številčnica

ciferník

Urni kazalec

hodinová ručička

Minutni kazalec

minutová ručička

Sekundni kazalec

vteřinová ručička

Koliko je ura?

Kolik je hodin?

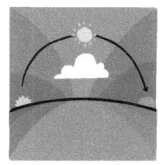

Dan

den

Čas

čas

Zdaj

teď

Digitalna ura

digitální hodinky

Minuta

minuta

Ura

hodina

Teden
týden

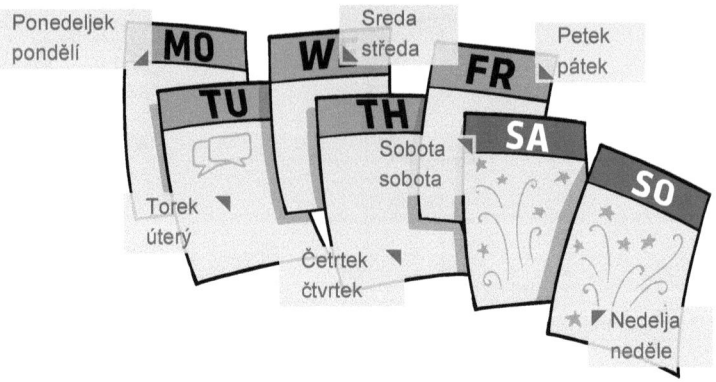

Ponedeljek
pondělí

MO

W
Sreda
středa

FR
Petek
pátek

TU

TH

SA

SO

Torek
úterý

Sobota
sobota

Četrtek
čtvrtek

Nedelja
neděle

Včeraj
včera

Danes
dnes

Jutri
zítra

Jutro
ráno

Poldne
poledne

Večer
večer

MO	TU	WE	TH	FR	SA	SU
1	2	3	4	5	6	7
8	9	10	11	12	13	14
15	16	17	18	19	20	21
22	23	24	25	26	27	28
29	30	31	1	2	3	4

Delovni dnevi

pracovní dny

MO	TU	WE	TH	FR	SA	SU
1	2	3	4	5	6	7
8	9	10	11	12	13	14
15	16	17	18	19	20	21
22	23	24	25	26	27	28
29	30	31	1	2	3	4

Konec tedna

víkend

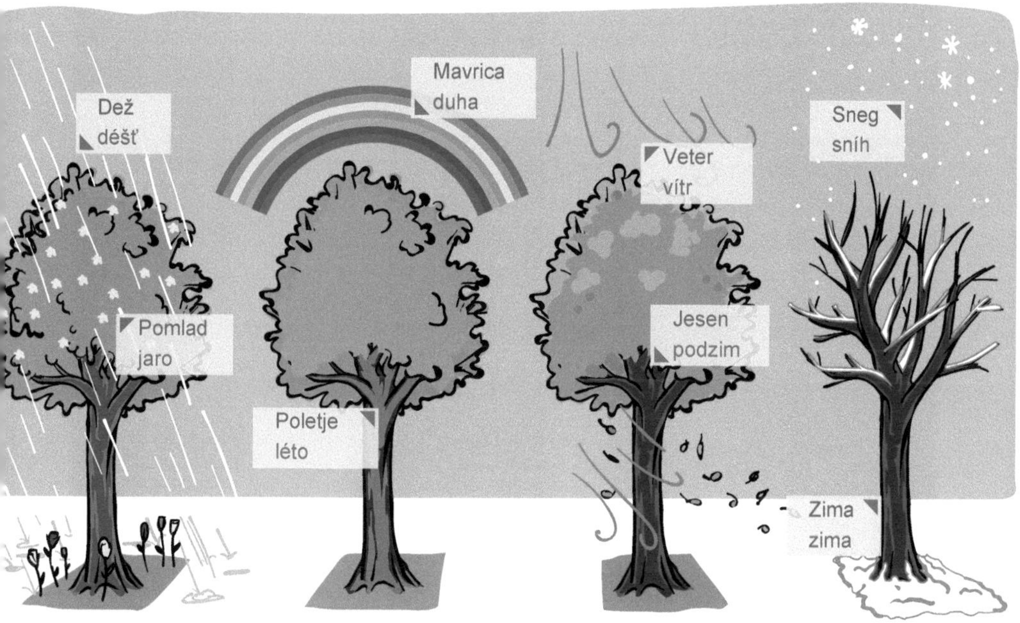

Dež
déšť

Mavrica
duha

Veter
vítr

Sneg
sníh

Pomlad
jaro

Poletje
léto

Jesen
podzim

Zima
zima

Vremenska napoved

předpověď počasí

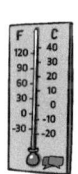

Termometer

teploměr

Sončna svetloba

sluneční svit

Oblak

mrak

Megla

mlha

Vlažnost

vlhkost

Strela

blesk

Grom

hrom

Nevihta

bouřka

Toča

kroupy

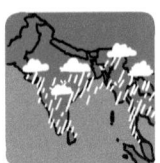

Monsun

monzun

Poplava

povodeň

Led

led

Januar

leden

Februar

únor

Marec

březen

April

duben

Maj

květen

Junij

červen

Julij

červenec

Avgust

srpen

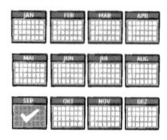

September
....
září

Oktober
....
říjen

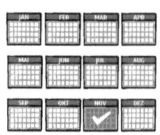

November
....
listopad

December
....
prosinec

Oblike
tvary

Krogla
....
kruh

Kvadrat
....
čtverec

Pravokotnik
....
obdélník

Trikotnik
....
trojúhelník

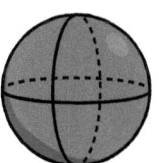

Krogla
....
koule

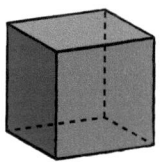

Kocka
....
krychle

Bela

bílá

Rumena

žlutá

Oranžna

oranžová

Rožnata

růžová

Rdeča

červená

Vijolična

fialová

Modra

modrá

Zelena

zelená

Rjava

hnědá

Siva

šedá

Črna

černá

veliko / malo

hodně / málo

jezno / umirjeno

rozzuřený / mírumilovný

lepo / grdo

krásný / ošklivý

začetek / konec

začátek / konec

veliko / majhno

velký / malý

svetlo / temno

světlý / tmavý

brat / sestra

bratr / sestra

čisto / umazano

čistý / špinavý

popolno / nepopolno

úplný / neúplný

dan / noč

den / noc

mrtvo / živo

mrtvý / živý

široko / ozko

široký / úzký

užitno / neužitno

jedlý / nejedlý

zlobno / prijazno

zlý / hodný

vznemirjeno / zdolgočaseno

vzrušený / znuděný

debelo / vitko

tlustý / hubený

prvo / zadnje

nejdříve / naposledy

prijatelj / sovražnik

přítel / nepřítel

polno / prazno

plný / prázdný

trdo / mehko

tvrdý / měkký

težko / lahko

těžký / lehký

lakota / žeja

hlad / žízeň

bolano / zdravo

nemocný / zdravý

nezakonito / zakonito

ilegální / legální

pametno / neumno

inteligentní / hloupý

levo / desno

vlevo / vpravo

blizu / daleč

blízko / daleko

novo / rabljeno

nový / použitý

nič / nekaj

nic / něco

staro / mlado

starý / mladý

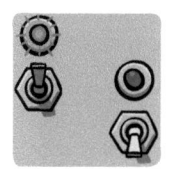

vklopljeno / izklopljeno

zapnutý / vypnutý

odprto / zaprto

otevřeno / zavřeno

tiho / glasno

tichý / hlasitý

bogato / revno

bohatý / chudý

prav / narobe

správný / špatný

grobo / gladko

drsný / hladký

žalostno / veselo

smutný / šťastný

kratko / dolgo

krátký / dlouhý

počasi / hitro

pomalý / rychlý

mokro / suho

vlhký / suchý

toplo / hladno

teplý / chladný

vojna / mir

válka / mír

0	**1**	**2**
Ničla	Ena	Dva
nula	jedna	dva

3	**4**	**5**
Tri	Štiri	Pet
tři	čtyři	pět

6	**7**	**8**
Šest	Sedem	Osem
šest	sedm	osm

9	**10**	**11**
Devet	Deset	Enajst
devět	deset	jedenáct

12	**13**	**14**
Dvanajst	Trinajst	Štirinajst
dvanáct	třináct	čtrnáct

15	**16**	**17**
Petnajst	Šestnajst	Sedemnajst
patnáct	šestnáct	sedmnáct

18	**19**	**20**
Osemnajst	Devetnajst	Dvajset
osmnáct	devatenáct	dvacet

100	**1.000**	**1.000.000**
Sto	Tisoč	Milijon
sto	tisíc	milion

Angleščina

angličtina

Ameriška angleščina

americká angličtina

Mandarinščina

standardní čínština

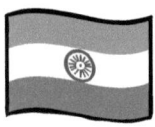

Hindujščina

hindština

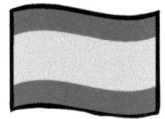

Španščina

španělština

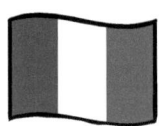

Francoščina

francouzština

Arabščina

arabština

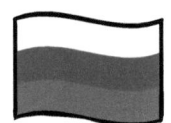

Ruščina

ruština

Portugalščina

portugalština

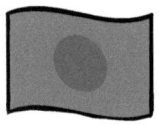

Bengalščina

bengálština

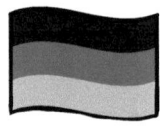

Nemščina

němčina

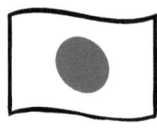

Japonščina

japonština

Jaz

já

Ti

ty

On / ona / tisto

on / ona / ono

Mi

my

Vi

vy

Oni

oni

Kdo?

Kdo?

Kaj?

Co?

Kako?

Jak?

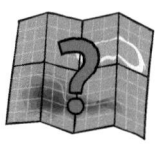

Kje?

Kde?

Kdaj?

Kdy?

HELLO, I AM

Ime

jméno

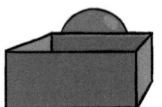

Zadaj

za

V

do

Pred

z

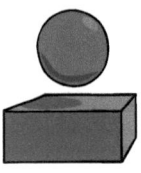

Nad

nad

Na

na

Pod

mezi

Poleg

vedle

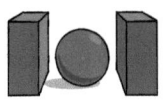

Med

mezi

Kraj

místo